◆印は不明確な年号、ころの意味です。

アジア・アフリカ	日本の動き	西暦
		1400
1402 燕王、明の皇帝に即位、第3代永楽帝となる		
1405 明＝鄭和、南海遠征（—1433）		
1407 『永楽大典』完成	室町文化（北山文化・東山文化） 守護大名の勢力強まる	
1449 土木の変、モンゴルのオイ		
1453 オスマン帝国、コンスタンチノープル攻略　ビザンチン帝国滅亡		
◆ 羅貫中『三国志演義』		
1488 ポルトガルのディアス、アフリカ喜望峰に到達		
1498 バスコ・ダ・ガマ、インド航路発見		1500
1507 チムール朝ヘラート政権滅亡	商工業の発達 土一揆 戦国大名成立 戦国時代 庶民の生活文化	
1510 インドのゴア、ポルトガルが占領　1511 マライ半島のマラッカもポルトガルが占領		
1517 トルコ＝エジプトのマムルーク朝を征服　スルタン・カリフ制はじまる		
1520 スレイマン1世（大帝）即位　トルコ全盛期		
1526 第1次パーニーパットの戦い　ムガル帝国成立		
1528 王陽明死		
1529 スレイマン、ウィーン包囲攻撃		
1538 プレベザの海戦　トルコが地中海を制圧		
1542 インドでフランシスコ・ザビエル伝道開始		
◆ 明＝一条鞭法の実施		
		1550

目　次

ジャンヌ・ダルク	文・浜　祥子 絵・鮎川　万	……… 6
コロンブス	文・浜　祥子 絵・岩本暁顕	……… 20
マゼラン	文・浜　祥子 絵・高山　洋	……… 34

永楽帝	文 吉田　健	絵 高山　洋	……… 48
グーテンベルク	文 有吉忠行	絵 高山　洋	……… 50
バスコ・ダ・ガマ	文 加藤貞治	絵 小林征夫	……… 52
王陽明	文 加藤貞治	絵 小林征夫	……… 54
ルター	文 加藤貞治	絵 小林征夫	……… 56
コルテスとピサロ	文 有吉忠行	絵 岩本暁顕	……… 58
スレイマン	文 有吉忠行	絵 高山　洋	……… 60
読書の手びき	文 子ども文化研究所		……… 62

せかい伝記図書館 4

ジャンヌ・ダルク
コロンブス
マゼラン

いずみ書房

ジャンヌ・ダルク

（1411／12—1431）

百年戦争でイギリスの侵略からフランスを救いながらも、火あぶりの刑に処せられた聖女。

●ドンレミ村の少女

　いまから600年ほどまえ、フランスとイギリスは百年戦争とよばれる長い戦いのまっただなかにありました。イギリスの目的は、フランスを征服して合併王国をつくり、イギリスの王がその王位につくことです。

　フランスの首都パリが占領され、国土の北部がほとんどイギリスの手におちると、フランスの勢力はいっぺんに衰えを見せはじめました。

　イギリス兵は、地方の小さな村にも現われるようになり、田畑を荒しまわっていきます。ドンレミ村では、襲われた場合を考えて、小麦粉やジャガイモを、村の秘密の場所に運びはじめました。

「おとうさん、ドンレミ村も戦争になるの？　シャルル皇太子はどうなるの？　殺されてしまうのかしら」

　少女ジャンヌは、小さいときからシャルル皇太子が好きでした。まだ20歳そこそこのフランスの王子さまが、イギリス軍につかまって殺されてしまうかもしれないと思うと、13歳の小さな胸はいたみます。
「シャルルさまが、せめてブルゴーニュ公の半分でも力がありゃあ、こんな負け戦にはならんだろうに……」
　ブルゴーニュ公は、フランス王家に反抗してイギリス軍と手を結び、イギリスのヘンリー5世を王として迎え入れたにくい人です。ヘンリー5世が亡くなると、生後9か月のヘンリー6世がイギリスとフランス両国の王として即位しました。

「フランスに国王が二人いるなんておかしいわ。ヘンリー６世は、うその王さまでしょう。シャルルさま、早く王になる式をあげてしまえばいいのに」

「フランス王となるための戴冠式は、むかしからずっとランスの大寺院で行うことになっているからね。イギリス軍の中をくぐりぬけて、いま、ランスまでいくのは命を捨てるようなものだよ」

皇太子は都を追われ、いまはシノンの城にいました。

シノンとランスがあまりにも遠いので、ジャンヌはためいきが出てきます。

「一日も早く戦争が終わって、シャルルさまが王さまになれますように」

ジャンヌは、毎日、神さまに祈りました。

農業をいとなむ両親が、とても信心深かったのでジャンヌもその影響を受けたのでしょう。聖書の話を聞くことが大好きで、熱心に教会に通いました。草原に教会の鐘の音が聞こえてくると、そこにひざまずいて、祈りをささげました。そんなジャンヌを、村の人たちは「聖女ちゃん」と呼びました。

● はじめてのお告げ

「ジャンヌよ、よくお聞きなさい。われわれは大天使ミ

シェルの使いできました」

 羊をつれて歩いていたジャンヌは、おどろいて顔をあげました。まぶしい光が、パッとジャンヌをつつみ、声はその光の上の方から聞こえてきます。

「シャルル皇太子をたすけるのです。イギリス軍と戦ってフランスを救うのは、あなたジャンヌのやくめです」

 あまりにとつぜんのできごとなので、ジャンヌは、おそろしさで声も出ません。

「神がそれを望んでおられるのです。おそれることはありません。シャルル皇太子のところへ行きなさい」

「そんなことが、わたしにできるのでしょうか」

やっとジャンヌがそう答えたとき、まぶしい光は消え あたりには、無心に草をはむ羊がいるだけです。
「なあんだ、夢だったんだわ」
13歳の少女に、イギリス軍と戦えるはずがありません。ジャンヌは、笑われるだろうと思い、このことはだれにも話しませんでした。

● **オルレアンがあぶない**

それから4年たち、戦いの中心は、しだいに南下していきました。フランスの国土は荒れはて、国民の生活は苦しくなるばかりです。
1428年の秋、イギリス軍はオルレアンの町を攻撃しはじめました。オルレアンは、フランスの西南部を守る重要なとりでです。ここが敗れたら、シャルル皇太子のいるシノンはひとたまりもありません。
「神さま、どうぞオルレアンをおまもりください」
ジャンヌは、しんけんに祈りました。すると、不思議な光とともに、こんどは大天使がすがたを見せたのです。
「オルレアンがあぶない。ジャンヌよ、いそぎなさい」
「でも、大天使さま、わたしは何も知らない、いなか娘です。イギリス軍と戦うなんて、とても……」
「心配することはない。神がジャンヌを通して、なした

もうのだから、信じて行きなさい」
「わかりました。大天使さま」
　ジャンヌは、不思議な力につき動かされ、全身に力がみなぎってくるのを感じました。
　はじめは、反対した両親も、ジャンヌのしんけんさに心を動かされ、とうとう娘を行かせることにしました。
　ジャンヌは髪を短く切り、男の服を着て出発しました。
　いくら神のおつげとはいえ、名もない小娘が、一国の皇太子にすぐ会えるわけがありません。知りあいにたのんで、ジャンヌは、村からいちばん近い守備隊の隊長ボードリクールを訪ねました。

「わたしは、ドンレミ村のジャンヌ・ダルクと申す者です。神のお告げによりフランスを救うために参りました。どうか皇太子さまのところへつれていってください」
　隊長は、目をまるくしました。男の子のような少女が、目のまえで「フランスを救う」などと言っているのです。
（この子は、気がちがっているのかもしれんぞ……）
　しかし、ジャンヌはひるみません。
「隊長さま、オルレアンが危険です。わたしは、一刻も早くオルレアンへ行ってイギリス軍を追い払い、ランスでシャルルさまの戴冠式を行なわなければなりません」
「おまえは、だれからそんなことをおそわったのか」
「はい。大天使ミシェルさまです」
「うーむ」
　ほんとうにオルレアンがおとされるのは、時間の問題でした。わらをもつかみたいのが、隊長の本心だったのです。この、美しい少女を、神の使いとして戦地に送りこめば、兵士たちの意気があがるかもしれない。
　ボードリクールはそう考えて、ジャンヌをシャルル皇太子のところに案内することにしました。

●シノンの城

　大臣や貴族が居ならぶシノン城の大広間を、男装の

ジャンヌは、おそれるようすもなく進んでいきます。
　皇太子は、ジャンヌをためそうと、大臣たちの中にまじって、わざと身分の低いみなりで立っていました。
　ジャンヌは、いっしゅん立ち止まってあたりを見まわすと、変装をした皇太子を見つけて近づいていき、うやうやしくおじぎをしました。
「シャルルさま、神さまがわたしにおおせになりました。オルレアンでイギリス軍をうち破ったあと、シャルルさまをランスにおつれして、戴冠式を行なうようにと」
　変装すがたを見破られたときから、皇太子は、この少女が、ただものではないと感じていました。

シャルルを王の位につかせまいとする勢力に、すっかりうちのめされていたとき、神が味方を使わしてくれたと思うのは、なんと力強いことでしょう。

「ジャンヌよ。どうかわたしの力になっておくれ」

皇太子は、さっそく、ジャンヌにしたがわせる兵隊の準備にとりかかりました。

聖女がオルレアンを救いに行くといううわさは、すぐに町や村に広がっていきました。

●オルレアンの勝利

1429年の4月の末。いよいよ、聖女ジャンヌの出発です。シノン城の門があくと、このときを待ちかねていた町の人びとが、わっと歓声をあげました。

白い馬に乗ってあらわれたのが、まだあどけない顔の少女だったので、門前はわきかえりました。

まっ白なはがねのよろいかぶとに身をつつみ、十字架とユリの花をぬいこんだ白い旗をかざして勇ましく軍を率いていくジャンヌ・ダルク。一行は「主よ、来たりたまえ」を歌いながら、オルレアンへと進みます。

うわさの聖女が応援にきたというので、オルレアンの守備軍は急に活気づきました。

敵のイギリスもキリスト教国です。ジャンヌが本当に

神の使いなら、とても恐れおおくて戦えません。

　旗をかざして立つ、りりしいすがたの聖女を見て、イギリス軍は、しだいに動揺しはじめました。

　そのころは、化学兵器などありませんから、兵士の闘志が、勝敗を左右します。

　たちまち、フランス軍は士気をもりかえし、5月8日ついにイギリス軍を追い払うことに成功したのです。

　100日近くもつづいたオルレアンの戦いは、ジャンヌの登場により、たった10日で勝利を手にしたのです。

「聖女さま、ばんざい！」

　オルレアンの町は、わきにわきました。

●おごそかな戴冠式

　しかし、勝利に酔っている間はありません。ジャンヌには、もうひとつ、たいせつな使命が残されています。
「さあ、シャルルさま、ランスに参りましょう。一日も早く戴冠式をあげて、フランスの国王になっていただかなくてはなりません」
「もちろん、わたしもそれを望んでいるが、ランスに行く道みちには、わたしにそむいている領主がたくさんいる。わたしには、そんなに強い軍隊もないし……」
「シャルルさま、神にまかせましょう。神のご意志にしたがってランスに行くのですから、きっと道は開けます」
　オルレアンを救った聖女の名は、フランス国内ばかりか、ヨーロッパじゅうに広まっていました。ジャンヌの評判があまりに高いので、もう、手むかう領主など、ひとりとしていませんでした。聖女ジャンヌの軍旗がはためいているのを見ると、どの町もだまって城門を開き、皇太子の一行を通したのです。
　待ちに待った戴冠式が、ランスの大寺院でおごそかに行なわれました。
　大司教から王冠を受けたしゅんかん、シャルル皇太子は、フランス国王シャルル７世になったのです。

　らっぱが鳴り、拍手がおこり「おめでとう」の歓声がわきました。

　ジャンヌにとっても、栄光の日です。神さまとの２つの約束を無事すませたのですから。

　国王シャルルは、ジャンヌに感謝し、たくさんのほうびを与えました。

　でも、ジャンヌがいちばん願っていたのは、ドンレミ村に帰って、かつての羊飼いの生活にもどることでした。

●炎とともに消えたジャンヌ

　ところが、ジャンヌはあまりにも名をあげすぎていま

した。まわりのものたちが、ジャンヌをドンレミ村の娘にはもどしてくれません。ジャンヌは、また、軍の先頭に立たされ、あちこちの戦いに進撃しなければなりませんでした。

そのあいだに、ジャンヌの名声をねたむ貴族たちは、おくびょうなシャルル王をけしかけて、敵のブルゴーニュ公とひそかにとりひきを行なっていたのです。

そんなこととは知らず、ジャンヌはコンピエーニュの町にのりこみ、そこでブルゴーニュ側の策略にひっかかってとらえられてしまいました。そのうえ、イギリス軍に売りわたされてしまったのです。

宗教裁判がはじまりました。

ジャンヌが神に遣わされた聖女か、それとも魔女なのかを決める裁判です。

わずか19歳の少女を、大学の博士や司教たちがとりかこみ、何日も質問ぜめにしました。でも「魔女」だという証拠は、どこにも見つかりません。どうにかして、ジャンヌを「魔女」にしたてなければ、イギリス軍は神のさばきに負けたことになります。

ついに、判決はくだり、5月30日、少女は「魔女」として十字架にはりつけにされ、19歳の命が燃えさかる炎の中に消えていきました。

　ジャンヌが命をかけて救ったフランス、そのフランスはジャンヌの命を救えなかったのです。

　ジャンヌは死にました。

　しかし、その愛国の情あふれる活躍ぶりは、兵士たちを力づけ、フランスは20年ののちに、すっかり国土をとりもどすことができました。

　ドンレミ村の羊飼いの少女ジャンヌ・ダルク。

　もしジャンヌが勇気をもって村をとびだしていなかったらフランスは、いまごろ、どうなっていたでしょう。

　ローマ法王は、1920年、ジャンヌを「聖女」の位につけ、フランスを救った英雄としてたたえました。

コロンブス

(1451—1506)

地球はまるいと信じ、命がけで大西洋を渡り、新大陸アメリカを発見したイタリアの航海者。

●地球はまるいか

「地球はおぼんのようにたいらで、海は、ずっと先の方で滝のように流れおちている」

15世紀には、ほとんどの人が、こう考えていました。

そのころの世界地図は、アジア、ヨーロッパ、アフリカからなる大陸と、無数にちらばる島じま、そしてそれをかこむ海だけでした。アメリカ大陸と広い太平洋は、ヨーロッパの人には、まだ知られていなかったのです。

13世紀の末に、マルコ・ポーロが、カタイ（中国）の長い旅からイタリアのベネチアにもどり「遠いアジアの東に黄金の島ジパングがある」と日本のことを語ったとき、人びとは、ほとんど信じませんでした。

ヨーロッパから見れば、カタイはずっと東の国、ましてジパングなど、地の果てだったのです。

　地球はまるいと考える人は、遠い古代ギリシアのころからごくわずかにいましたが、進んだ考えをもつ人間は、いつの時代にも変わり者あつかいされてきましたので、世に広まることはありませんでした。

　ところが、15世紀になって、イタリアのトスカネリという学者が、また「地球はまるい」と主張しはじめたのです。

　このトスカネリの本を読んで、とても心を動かされた若い船乗りが、ポルトガルにいました。

　イタリアのジェノバに生まれたクリストファー・コロンブスです。

コロンブスは、1枚の世界地図をまるめると、筒にしてみました。
「地球がまるいということは…。あれ！地の果てのジパングが、大西洋のすぐむこうにあるじゃないか！」
　そうです。当時の地図には、アメリカ大陸と太平洋は、まだかきこまれていませんから、アジアの東とヨーロッパのあいだには、せまい大西洋があるだけでした。
　そのころ、地球は、実際よりずっとずっと小さく思われていたのです。
「大西洋を西にむかって進めば、かんたんにジパングに行けるかもしれない」
　コロンブスは、いてもたってもいられなくなり、弟の仕事場をたずねました。2つ年下のバルトロメオは、リスボンで地図をかく仕事をしていました。
「兄さん、それは、ものすごい考えだね。すると、このポルトガルの海のむこうに、アジアがあることになる！」
「そうだ。地球がまるいとすれば、海に、はしっこなんかありはしないよ。だから、東へでも西へでも、まっすぐ航海すれば、また、もとのところにもどってくる……。トスカネリは、そういってるんだ」
「兄さん、ぼくも、地球はまるいような気がするよ」
　それからのコロンブスは、むちゅうで勉強しました。

世界の地理や天文学、海に関する本をかたっぱしから読みあさり、船に乗る時には、本で知ったことを実際にたしかめてみました。そして、海からもどってくると、船の通った道筋を、図面にかき記します。

● コロンブスの決心

　ポルトガルは、航海王といわれたヘンリー王のおかげで、海洋に関しては、最も進んだ国です。ヘンリー王は、世界じゅうのすぐれた学者をポルトガルに集めて、海洋研究所を作りました。船のすすむ方向を知る羅針盤ができると、ポルトガルの船は、アフリカの西岸に沿って、

どんどん探検をすすめていきました。地中海を通らないでインドへ行く道をさぐっていたからです。

コロンブスの妻フィリパの父は、そのヘンリー王に仕えた有名な航海士でした。もう亡くなっていましたが、かつて、ポルト・サント島を治めたこともあります。

フィリパの家には、航海日誌や海図、世界地図などがたくさん残されていました。それらの遺品は、コロンブスが一人前の航海士となるために、どれほど役にたったかはかりしれません。

そのうち、コロンブスは、ポルト・サント島に住み、ぶどう酒の売り買いをするようになりました。この南の島じまをまわっているうちに、コロンブスは、ますます航海のうでをあげていきました。

島の海岸には、ポルトガルの船が、アフリカの探検の行きかえりにたくさんたちよります。その船乗りたちの話は、コロンブスの冒険心をさかんにかきたてました。

「フィリパ、わたしは決心した。アジアへ行くよ。ヘンリー王は、アフリカ沿岸を南下して、アジアへの道をさぐりながら亡くなってしまった。わたしはちがう。まっすぐに西に進んでアジアへ行くんだ。フィリパ、リスボンへ帰ろう。ポルトガル王に、援助をねがいでるんだ」

ポルトガルのジョアン2世は、ヘンリー王の遺志をう

けつぎ、アフリカ大陸にそって南下し、アジアへぬける航路を探すことに力をそそいでいます。

ですから、西からアジアへ行くなどというコロンブスの計画に、腰をぬかすほどおどろいたのも無理はありません。王は学者や大臣を集めて意見を聞きました。

● ポルトガルを追われて

「地球がまるいということがたしかめられたわけでもないのに、いきなり船を西に出すなんて、むちゃです」
「いや、そのことをたしかめるためにも、船を出すべきじゃないかな」

「失敗したらどうするんです。ポルトガルは大ぞんです」
「コロンブスはうそをついて金をもうけようとしているんじゃないか。あのジェノバ人は、気が変なのだ」
　結局、コロンブスの計画は、とりあげられませんでした。そればかりではなく、大うそつきのレッテルをはられ、ポルトガルを追放されてしまいました。
　不幸は追いうちをかけるようにやってきました。妻のフィリパが死んでしまったのです。
　コロンブスは幼い子の手をひいて、となりの国スペインにやってきました。すでにお金はなくなり、親も子も疲れはてていました。丘の上から海を見おろしていると、生まれ育ったジェノバの港町を思いだし、胸がしめつけられます。弟のバルトロメオといつも波止場で船をながめながら、おとなになったら船乗りになって、遠いアジアに探検に行こうと話したものです。
　船乗りにはなりました。しかし、35歳のいまになっても探検に乗り出せないのが、コロンブスはくやしくてなりません。
　その夜、貧しい親子は、丘の上のラ・ラビタ修道院に泊めてもらいました。
　この一夜の宿が、そのごのコロンブスの人生を決めた

といってもいいすぎではないでしょう。
　コロンブスの身の上話を聞いた修道院長が、大航海の計画に心をうごかされて、スペインのイザベラ女王にとりついでくれることになったからです。
　コロンブスは、この幸運を神さまのはからいと感謝し、西への航路はきっとひらけると、確信がわいてくるのでした。
　こうしてコロンブスの念願は、イザベラ女王の助けによって、6年の準備ののちに、やっと実現されました。

●西にむかって

　1492年8月3日、ラ・ラビタ修道院のすぐ下にある

パロス港から、3せきの船が西にむかって出航しました。
　サンタ・マリア号、ピンタ号、ニーニャ号が、しだいに小さくなっていくのを、おおぜいの人が港に立ちつくして見送っています。
「かわいそうに……」
「あの人たちは、もう二度とスペインにはもどってこられないだろう……」
　だれもがそう思っていました。
　120人の乗組員の中には、水夫になる約束で牢から出された罪人がたくさんいました。それほど、未知の海はおそれられており、水夫のなり手がいなかったのです。
　船隊は、まず、アフリカ大陸にそって南下し、かじの調子が悪くなったピンタ号の修理のために、カナリア諸島にたちよりました。水と食料を補給し、いよいよ西にむかって出発です。これからはまったくの初航海です。
　船のまわりから陸地がすっかり見えなくなって、空と海だけの日が何日もつづくと、水夫たちは、だんだんおびえはじめました。
「もうそろそろ、海のはしっこじゃないのか」
「こんなにスペインから離れてしまって、ちゃんと帰れるんだろうか」
「もう、金なんかほしくない。帰りたい……」

　コロンブスは、水夫たちの不安をとりのぞくことをいろいろ考えたあげく、航海日誌を2冊こしらえました。そして、みんなに見せる方には、船の進んだ距離を実際より短く記入しはじめたのです。
　コロンブスの本当の日誌によれば、もうそろそろジパングがあらわれてもよいころでした。
　目をこらして水平線のかなたを見つめていると、雲さえ島のように思えてきます。「島だ！」「陸地だ！」とおどりあがっては、落たんし、それでもまた、空と海の境めをくいいるように見つめつづけました。
　10月12日、とうとう、本当に島が浮かびあがりました。

● 陸地発見

「陸だ！　陸だ！」

みんな甲板にとび出し、だきあって喜びました。

陸地発見の大砲がとどろき、感謝の祈りの声が、船上に満ちました。

上陸すると、コロンブスは、浜辺にひざまづいて砂をにぎりしめました。

「とうとうジパングについた。この土が、この砂がジパングの大地だ！」

白い海岸のむこうに、緑の木ぎがいきおいよく茂り、おいしそうなくだものがたくさん実っています。そのあいだから、裸の原住民たちが、ものめずらしそうに集まってきました。どうも、マルコ・ポーロの話の日本人とは、ちょっとようすがちがいます。

「そうか、ここはインドなのだ。それならジパングは、もう少し北にいけば、すぐにちがいない」

この島を、コロンブスは、サン・サルバドルと名づけました。現在のバハマ諸島のなかの島です。

コロンブスが、インドの一部と信じたために、ここを西インド諸島、住民をインディアン（インド人）とよぶようになりました。

　そのあと発見したハイチ島に、スペインの国旗をたて、とりでを築き、そして、原住民と金と植物をみやげに、コロンブスは、いったんスペインにもどりました。

　1493年3月、パロス港は、王者を迎えるようなさわぎです。

　イザベラ女王は、コロンブスのために盛大なかんげい会をひらきました。

　新航路をひらいたコロンブスの名はヨーロッパじゅうにひろがっていきました。

　この半年あとに、コロンブスは第2回めの航海をおこない、つづいて1498年と1502年にも西へむかっています。

●ジパングはどこに

　たくさんの島を発見し、南アメリカ大陸に上陸し、パナマ地峡も見つけました。あと1歩で太平洋が一望できるというところまで行っているわけです。しかし、やっぱりジパングにたどりつくことはできませんでした。
　2回めと3回めの航海では、島の住民をぎゃくたいしたということで、コロンブスは本国によびもどされました。コロンブスは、原住民を服従させようとして、むごたらしい処刑を行ない、みつぎものを要求し、そのうえ、どれいとしてスペインに送ったりしたのです。
　コロンブスのきびしいやり方に反対する者や、成功をねたむ者、そして、黄金の島がみつからない不満などでスペイン王室は、コロンブスに対して、しだいにつめたい態度をとるようになりました。おりもおり、1498年にポルトガルの航海士バスコ・ダ・ガマが、アフリカの南端をまわって、とうとうインドにたどりついたのです。
　コロンブスのあせりはどれほどだったことでしょう。
　1502年の航海のときには、コロンブスは51歳で、からだもずいぶん弱っていました。最後の力をふりしぼって連日のあらしに立ちむかい探索をつづけましたが、とうとうジパングを見つけることはできませんでした。

　1504年の秋、ほとんど目の見えなくなったコロンブスがスペインにたどりついたとき、いちばんの理解者だったイザベラ女王は、すでに亡くなっていました。
　港には出むかえるものもなく、コロンブスの名を口にするものさえいませんでした。
　世間の目は、新しくひらけた東まわりのインド航路にむけられていたのです。
　最後の航海からもどって2年ごの春、コロンブスは、ひっそりと息をひきとりました。
　自分の発見したのが、新大陸だとも知らず、あくまでインドの一部だと信じこんだまま……。

33

マゼラン

(1480 ころ—1521)

かずかずの困難を、ひたすら忍耐で乗りきり初の世界周航に命をささげた勇敢な航海者。

●東洋への近道を求めて

1519年の9月20日、5せきの船隊が265人の男たちを乗せて、スペインのサンルカル港をはなやかに出航しました。

キャプテン・マゼランの乗るトリニダット号を先頭にサン・アントニオ号、コンセプション号、ビクトリア号、サン・チャゴ号とつづきます。

船団は、西まわりで、香料の諸島(インドネシア周辺の島じま)へ行く近道を発見するのが目的でした。

現在の私たちは、ヨーロッパからアメリカ大陸をつきぬけ、太平洋を横断して香料諸島へ行くのは、近道どころか、いちばん遠まわりなのを知っています。しかし、15世紀から16世紀にかけては、まだまだ、世界のほんとうの広さは知られていませんでした。地球がまるい

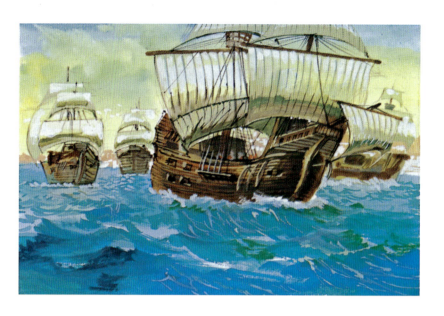

ということは、一部の人にはわかっていましたが、アメリカ大陸や広い太平洋などは考えもおよばず、そのころの地図には記入されていません。

ですから、コロンブスが新大陸を発見し、その大陸が北極から南極まで、きれめなしにつづいているらしいとわかってきたとき、どこかに海峡を見つけて、この大陸を突破できれば、すぐに香料諸島やジパング（日本）に行けると思われたのです。

しかし、ポルトガルやスペインの探検隊が、大陸の沿岸をくまなく探しても、東洋への出口は見つかりませんでした。

● 南海の天国の島

「近道は確かにあるはずだ。アフリカ大陸と同じように、アメリカ大陸も、南のはしは三角形の先のように細くなっているにちがいない。そこに、あちらの海とこちらをむすぶ海峡があるかも知れない」

こう考えたのは、ポルトガル人のマゼランでした。ポルトガルの船で、インド洋やマラッカの海を8年間も航海し、海や地理については、たいへん詳しい若者です。

いざというときの判断がするどく、人をまとめる力がすぐれていたので、30歳そこそこで船長になりました。

船はすべて王室のもので、船長になるには政治家や貴族の紹介が必要でした。そんな知り合いのないマゼランが船長になれたのは、よほど航海士としてすぐれていたのでしょう。

ポルトガル船は、東洋から、ニッケイ（ニッキ）、コショウ、ショウガなどを手に入れ、行く先ざきの原住民をとらえては、重労働にしたがわせ、つぎつぎとポルトガルの領地にしていきました。そして、むりやりキリスト教を信仰させていったのです。いくら国王の命令とはいえ、そうした「どれいがり」に、マゼランの胸はいたみました。いちばんの親友セーランも、こういうことをする

「文明人」の生活にいやけがさし、香料諸島のひとつの島に住みついてしまいます。

　東洋の香辛料をたっぷり買いこんでポルトガルにもどってきたのに、国王はマゼランの仕事をみとめてくれませんでした。「どれいがり」に参加しなかったせいかも知れません。マラッカのエンリケという黒人をひとり与えられただけで、その日からマゼランは、船をもたない船長になってしまったのです。

「つまらん文明人などさっさとやめて、きみもここへきたまえ。くだものはたくさんあるし、水もうまい。ここは天国だ。おれはここの娘と結婚した。セーラン」

セーランから、何度もさそいの手紙がきました。
船をうばわれた船長は、船乗りが海から持ちかえってくる話に耳をかたむけているうちに、探検旅行への思いがしだいにつのってきました。
「南米大陸の先に、海峡はきっとある。そこを通りぬけて、セーランのいる島へ行こう。西まわりで東洋へ行く道を探そう」

●その日をめざして

ポルトガルの王は、もちろん、マゼランの航海計画などに耳をかしてはくれません。
マゼランは、友人の天文学者とさらにこまかな研究や調査をかさね、資料をそろえて、となりの国スペインの王に援助を願いでることにしました。
スペイン国王は、香料諸島をポルトガルにひとりじめされたくないと思っていたので、マゼランの計画はスペインの利益につながると考えました。西まわり航海が、国王に許されただけでなく、発見した島のいくつかは、マゼランのものになることが約束されました。
さっそく船の準備がはじまり、船員が集められました。すると、ポルトガル国王は、マゼランを「国をすてたうらぎり者」として、さまざまないやがらせをはじめたの

です。もともと、マゼランは無口でしたが、だまってそれらの妨害にたえ、つとめて無視しました。たいせつなのは大航海をなしとげることで、それが、どこの国の利益になろうが、マゼランには、たいしたことではなかったからです。ただひとつ気にかかるのは、スペイン王室から派遣された、3人の船長のことでした。マゼランを見る目が、けいべつの色をふくんでいたのです。

　探検に危険はつきものです。

「もしも」ふたたびスペインにもどってこられなかったらということも、マゼランは考えていました。そして、出発の2日前に、遺書を書き残しています。

それは、妻や子にあてたものではなく、国王や役人にでもなく、「全能なる神」にあてて記された遺書です。
「もし、自分が死んだら、セビリアの修道院にまいそうしてほしい。ばく大な財産が入ったら、それは、神が与えてくれたものだから、修道院、教会、十字軍、病院、孤児院などに寄付してほしい。召使いのエンリケは、いっさい自由の身にし、生活するに十分な援助を私の財産のなかから与えてほしい。妻や子にも同じように」
　結婚してまだ2年にもならないのに、マゼランは命がけの旅に出発するのでした。

● 失望と反乱あいつぐ

　さて、盛大に見送られてセビリアの港を出航した5せきの船は、3か月後の12月半ばに、ブラジルの沿岸に着きました。そして、岸にそって注意深く調査しながら南下するうちに、大きな入江にぶつかりました。
「海峡だ！　海峡だ！」
　船員たちは、大さわぎです。
　15日間こうふんして調べまわったあげく、やっとそこが、大きな川（ラ・プラタ川）の河口だとわかりました。
「もっと南にちがいない」
　あくまで、海峡を信じて疑わないマゼランです。

　赤道を過ぎてしまったいまでは、南へ進むということは南極へむかうということです。赤道のこちらがわではふるさとの地方とは季節がまったく逆で、これから冬がやってきます。早く海峡を見つけて、南の海へ出なければ、船は身動きができなくなってしまいます。

　案じたとおり、間もなくあらしがやってきました。みぞれが甲板をたたきつけ、わずか12度南へ進むのに、2か月もかかり、船員たちはつかれと寒さで、すっかり元気をなくしてしまいました。

「海峡なんてあるもんか」

「おれたちは、キャプテンにだまされたんだ」

「南には、天国みたいな島があるなんて……」
　翌年の３月、深くいりこんだ湾で船隊は冬を過ごすことになりました。
　セビリアを出て半年もたつのに、まだ、海峡は見つからないのです。食料がだんだん乏しくなってきました。
　マゼランは、越冬するあいだパンの配給を半分にへらすといいわたしました。これからさき、食料の補給ができるあてなど、まったくありません。
　マゼランに、はやくから不満をいだいていた何人かのいかりは、このことで頂点に達しました。
　その夜、やみにまぎれて、ひとりの水夫が殺され、サン・アントニオ号が乗っ取られました。
　一夜あけて、すべてを知ったキャプテン・マゼランはすぐに行動することをさけ、危険を最小限にくいとめるあらゆるてだてを考えました。そして、信頼できるエスピノーサに手紙をもたせ、サン・アントニオ号に送りました。相手がその手紙を読んでいるすきをねらって、エスピノーサは反乱の張本人を、一刀のもとに切りたおしてしまいました。
　航海法のきまりにしたがって、さっそく裁判がひらかれました。裁判長は、むほんを手助けしたひとりに死刑、ふたりにおきざりの刑を下し、そのほかの者は、みんな

許しました。今後、250人あまりの命を守るためにも、この決定はしかたがなかったのだと、マゼランは自分にいいきかせ、悪夢のような暗い港をあとにしました。

● マゼラン海峡

　サン・チャゴ号が難破し、4せきになった船隊が、ふたたび沿岸の調査をくりかえしながら南下しはじめたのは、8月も終わりちかくでした。スペインでは真夏のころなのに、このあたりでは、雪さえちらつきます。
　10月21日に、また深い入江につきあたりました。
　5日間のていさつで、これがたしかな水路だとわかる

と、4せきの船は急に活気づいて、入江に進みいりました。水は、どこまでいっても塩からく、水の深さは、岸近くでも50メートルは越しています。

　うねうねと曲がりくねって、どこまでもつづく深い水路。
「もしかしたら！」
　マゼランの胸が高なります。
　水路は、いく筋にも分かれ、またひとつになり、せまくなったり広くなったりしながら、つづいています。
　マゼランは、大きく西に流れこむ分かれめのところで、右にコンセプション号、左にサン・アントニオ号をていさつに行かせました。サン・アントニオ号は、うす暗い谷あいの波のむこうに消えたまま、それっきりもどってきませんでした。（サン・アントニオ号は、そのままにげだし、翌年の5月に、スペインに帰りつきました）
　たくさんの食料を積んだサン・アントニオ号にうらぎられたにもかかわらず、残った3せきは、いたんだ船体を寄せ合って、この危険な海峡にいどんだのです。そして、1か月をかけてこれを乗りきり、ついに出口にたどりつきました。
　海峡を出ると、そこには新しい海がはてしなく広がっていました。3せきの小さな船は、砲声をとどろかせて、初めての海にあいさつをしました。

「なんて平和な海なんだろう」

●悲劇のキャプテン

　青い海、青い空、じりじり照りつける太陽。くる日もくる日も、海と空ばかり。いつのまにか、新しい年がおとずれていました。太平洋は、どこまで行っても、つきるところがありません。

　すぐに見えてくるだろうと思われた、めざす島じまの影は、行けども行けども現われてこないのです。10日たち、20日たち、50日が過ぎ、そして90日。

　食べるものは、すでになくなっていました。船底のネ

ズミがごちそうでした。マストの帆げたに張った牛の皮をはがし、海水につけて煮て食べたり、おがくずで命をつなぐ日もありました。

病人がふえ、甲板のすみにうずくまったまま動けなくなり、3人4人と死んでいきました。

平和の海は、無情の海に一変してしまったのです。

世界一ひろい海の砂ばくで、こどくな船隊は、3か月と20日、さまよいつづけました。

こうして、3せきの船がゆうれい船のようになって、フィリピン諸島にたどりついたのは、3月の末でした。

マゼランは、ここで、体がしびれるほどの、深い感動を味わいました。

召使いのエンリケのことばが、この島の人に通じたのです。

このしゅんかん、マゼランは、航海の目的がやっと達せられたことを知りました。

「地球はまるいことが証明されたのだ。西へ西へ進んだマラッカのエンリケが、ふるさとへ帰ってきたではないか！ひとりの人間が、地球をぐるっとまわったのだ」

しかし、この喜びもつかの間、原住民との小ぜりあいのなかで、マゼランは殺されてしまいました。

キャプテンを失った船隊は、それから南の海を5か月

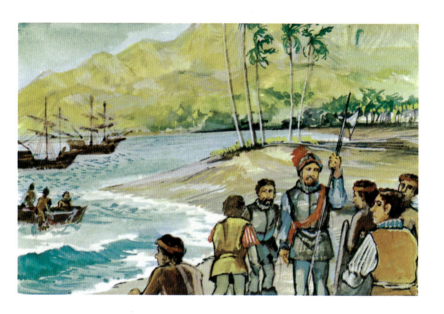

もさまよい、ビクトリア号1せきになってスペインにたどりつきます。出航して3年の月日がたっていました。
　地球を1周して生き残った18人。なかでも船長エルカノには、絶大な栄誉があたえられました。エルカノも反乱に加わったひとりでしたが、それをとがめるものは、だれひとり生き残っていなかったからです。
　マゼランの航海日誌や貴重なメモは、何者かによってすべて焼きすてられ、必死の思いで記したマゼランの遺言は何ひとつ実現されなかったのです。
　海峡に名前がつけられたことだけが、マゼランに対する、ただひとつのむくいでした。

永楽帝（1360—1424）

　14世紀のなかば、それまで中国を支配していた元というモンゴル人の王朝をほろぼして、洪武帝が明の国を建てて、南京を首都としました。

　永楽帝は、この洪武帝の4番めの子です。顔つきもからだも堂どうとして、知恵にも武勇にもすぐれていたので、父から信頼されていました。燕王という名をもらい、モンゴル人の侵略から国を守るために、北方へおもむきました。洪武帝が死ぬと、つづいて即位したのは孫の建文帝です。建文帝は家来たちのいうままに、燕王やほかの有力者たちの権力をうばおうとしました。これを知った燕王は兵をあげて、4年間もの戦いのすえ、ついに南京をおとしいれました。戦いにやぶれた建文帝は燃えあがる宮殿のなかで死んでしまいました。こうして、燕王は明の3代めの皇帝、永楽帝となったのです。

　永楽帝は北京を明の新しい首都とし、壮大な宮殿を築きました。そして、明の力を世界に示そうと、モンゴル、シベリア、チベット、安南（いまのベトナム）、朝鮮、日本にまで兵を送り、または使者をやって明に従うよう命じました。

　そればかりではありません。鄭和を総司令官として大船隊による南海遠征を行なったことでも有名です。これは東南アジアの諸国に明へみつぎものをささげるようにすすめることと、貿易によって利益を得ようとする2つの目的をもった遠征でした。そのため、これらの船は「宝船」または「西洋取宝船」とよばれました。

　1405年、劉家港（いまの上海の西北）に集まった第1回の

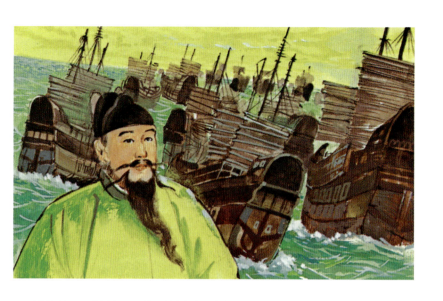

遠征隊は、総数62隻、乗組員2万8000人という大船隊でした。そのなかには長さ約140メートル、幅16メートルの船もあり、いずれも見あげるような巨大な船ばかりでした。この南海遠征は7回も行なわれ、大船隊は、マラッカ、パレンバン、スラバヤ、セイロン（いまのスリランカ）、カリカットなどを訪れました。なかには、遠くインド洋、アラビア海をわたって、ペルシア湾のホルムズ、アラビアのアデン、アフリカの東海岸にまで達した船隊もあります。大船隊は各地で大いに明の勢力を示し、諸国のめずらしい品物やライオン、キリンなどの動物をみつぎものとして持ちかえりました。

　また永楽帝はモンゴル族を討つため、自ら大軍をひきいて砂漠をこえて北へ進み、3度にわたって勝利をおさめました。しかし5回めの遠征のとき、病気にかかり、楡木川というところで亡くなりました。雄大な生活を好んだ皇帝らしい最後でした。

グーテンベルク （1399ころ―1468）

　紙、活字、印刷機械などが発明されていなかった時代の人びとは、羊や子牛の皮を紙のようにしたものや、パピルスという植物から作った紙に似たものに、手で文字を1字1字書きうつして、本を作っていました。だから、たった1冊の本を作るのも、たいへんなことでした。

　やがて、いま使われているような紙が作られるようになってからは、板に文字や絵を彫り、それにインクをつけて紙をのせ、上からおさえつけて印刷するという方法が考えだされました。しかし、新しい本を作るたびに、何十枚、何百枚の板に字を彫るのは、やはり、たいへんな仕事でした。

　この印刷の方法に大きな発明を加えて、人類の文化の発展に輝かしい足あとを残したのが、ヨハネス・グーテンベルクです。

　グーテンベルクは、1399年ころ、ドイツのマインツ市で生まれました。父は貴族でした。

　「同じ字をくり返し彫るのはむだだ。1字1字の活字を作り、それを自由に並べて、何どでも使えるようにしたらどうだろう」

　30歳をすぎたころから、印刷の研究をしていたグーテンベルクを発明にみちびいたのは、こんな思いつきからでした。

　グーテンベルクは、むちゅうになって、木で活字を作りました。でも、木の活字は、すぐに、すりへってだめになってしまいます。そこで、つぎには、まず活字の鋳型を作り、その鋳型にとかした金属を流しこんで、金属の活字をなん本でも作りだすことを発明しました。さらに、ブドウの実をしぼる圧さく機から思いついて、活字にのせた紙を、手のかわりに機械の力で

おしつける印刷機も完成しました。
「これで、たくさんの本が作れる。まず、みんながいちばんほしがっている聖書を印刷しよう」

グーテンベルクは、フストという商人からお金を借りて工場を建て『42行聖書』の印刷にとりかかりました。

ところが、聖書ができあがらないうちに、グーテンベルクは工場を追いだされてしまいました。借りたお金のかわりに、活字も印刷機も工場も、フストに取られてしまったのです。

グーテンベルクは、そののち、こんどは自分の力でもういちど印刷所を建てて『36行聖書』や『カトリコン』という辞書などを作り、1468年に亡くなりました。

グーテンベルクの印刷術の発明により、貴族や金持ちしか買えなかった本が、一般の人でも持てるようになり、学問や文化の普及にたいへん役だちました。

バスコ・ダ・ガマ (1469ころ—1524)

　バスコ・ダ・ガマが、ポルトガルの国王マヌエル1世の命令をうけ、インドにむけて船出したのは、1497年7月のことです。
　それまでにもポルトガルは、アフリカをまわって東洋にでる航路を発見しようと、何十年もまえから探検船をくりだしていました。アフリカ大陸の西岸ぞいを南へすすみ、南端の喜望峰まではたしかめていましたが、それから先は、まだまったく知られていませんでした。
　危険をおかしてまでインドへいく目的は、香辛料を手に入れることです。コショウやチョウジなどの香辛料は、肉食を好むヨーロッパ人に、欠かせないもので、アラビアの商人からたいへん高いねだんで買っていました。そこでポルトガルは、香辛料をインドから直接に安く持ってこようと考えたのです。
　ガマを隊長とする163人の探検隊は、4せきの船にわかれて乗り、リスボン港を出帆して、大西洋のまっただなかを南へ進みました。喜望峰をまわったのは、11月のなかごろです。はげしいあらしや寒さにおそわれました。先のわからない航海ですから、船員たちの不安や不平がつのってきます。ついに暴動がおこりかけました。ガマ隊長は、暴動をくわだてた者をむちうちの刑にして、みんなに、どうしてもインドへいくことを強くいいわたしました。
　年があけて、1498年になりました。アフリカの東海岸を北にむかって、航海はつづきます。何度も上陸しては休み、飲料水をくんで、また船を走らせます。4月のなかごろ、メリンダという港にはいったとき、そこで、すぐれた水先案内人をのせ

ることができました。心強い仲間を得て、一気にインド洋を東へむかいました。

　5月20日、ついにガマはインド西岸のカリカットにつき、インド発見の石柱をうちたてました。10か月以上にわたる苦しい船旅でした。しかし、このインド航路を開いたことにより、ポルトガルはインドと直接、香辛料などを取引きすることができるようになりました。そして、ヨーロッパきっての海洋王国として、さかえるきっかけをつかんだのです。

　1499年9月、使命をはたしたガマ隊長の船が、リスボンに帰ってきました。船員の半数以上が死んでしまい、帰国したのはわずか55人です。おおくの犠牲をはらった航海でした。

　ガマは、そのご数回インドへわたり、ポルトガルのインド征服のために力をそそぎました。功績をたたえられてインド副王を任じられたガマは、インドにでむいた1524年、病死しました。

王陽明 (1472—1528)

　王陽明は、中国が明とよばれていたころの人です。そのころ儒学界で知られていた朱子学に対して、陽明学という大きな流れを作った思想家です。

　陽明は子どものころから、人間が大きく、広い心をもっていました。「試験に合格して、役人になるのが人のしあわせなのではなく、孔子や孟子のようになってこそ、初めてりっぱな人間といえるのだ」と言って塾の先生をたいへん驚かせたりしました。

　何ごとも人と同じように、世間なみにという平凡な生活をきらい、さまざまな体験を求めました。そして人生に得るところがありそうだと思えるものは、さっそく実行に移します。仏教を学び、文学に熱中し、武道にも手をそめました。

　18歳の年、朱子学の先生に出会い、けんめいに指導を受けました。しかし、その理論が、自分の考えとは大きく隔たっていることに失望してしまいます。

　陽明は、成長して役人になりましたが、理想と現実のちがいに、悩みつづけました。自分の利益を考える人たちばかりで、民衆を無視した政治を行なっていました。陽明は、ゆたかな知識のある、すぐれた人物でしたので、おとなしくしていれば、出世はまちがいありませんでした。ところが、陽明にとって、目先の損得などどうでもよいことです。自分だけのことを考える人間ではありませんでした。みだれた政治家とは、きびしく対立して、いいかげんな行動をいっさい許しません。いままで政治を金もうけの道具にして、やりたい放題のことをしていた

人たちを、次つぎに追及しました。ところが、すじ道を立てて政治を考えようとする人は、ほとんどいません。

陽明は、嫌われて、ついには山奥へ追放されてしまいました。文化の遅れた土地で、わずかな人がひっそりと田畑を耕して暮らしています。しかも、まったく知らないことばを使っていたので、自分の気持ちを伝えることもできません。陽明は、ただ一人でほら穴に住み、学問にはげみました。朝から晩まで本を読む生活です。

ある夜、目からうろこが落ちるように、人の生きるべき道をさとりました。新しい独自の考え方をまとめたものは、陽明学とよばれるようになりました。人は、教育や政治など外の経験によりどころを求めるのではなく、自分の内面をほり下げて、正しい心を発見し、それにしたがって行動するということを主張しています。おおくの人に影響を与え、文化を発展させました。

ルター （1483—1546）

　16世紀の初め、ローマ教会は、キリスト教の信仰を形だけのものにして、思いのままに権力をふるっていました。マルチン・ルターは、心の底からキリストを信じるすがたこそ正しいとうったえ、宗教改革をおこした人です。

　ルターは、中部ドイツのアイスレーベンに生まれました。きびしい父のすすめにしたがい、大学で好きでもない法律の勉強をしていました。しかし、いつでも人生をどう生きるか考えて、心の苦しみが増していくばかりでした。自分は何をすべきなのか迷いつづけていたある日、町を歩いていたルターは、突然の雷雨に出会い、死の恐怖におののきました。そしてのこりの人生は、神のために費やそうと決心したのです。

　突然の決意に、父親やまわりの友人は驚き、必死にルターをとめました。どなりつけたり、静かに説得したり、あらゆる方法でルターの心を動かそうとしました。しかし、まったく通じません。

　とうとう修道院に入ってしまったルターは、心の平安を求めて、苦しい修行の毎日を送ります。徹夜で神に祈り、断食をくりかえし、きびしい生活でした。でも、満足な結果は少しも得られません。それどころか、これまでの修行は、自分のために神を利用する、いつわりの信仰だったのだと悩み、絶望してしまいました。ルターは、もう二度と立ち上がれないほどの、どん底の悲しみに落ちこんでしまったのです。

　まっ暗やみの中からひとすじの光明をみいだす時がきました。
「わたしが神を選んだのではなく、神がわたしを選ぶのだ」

　ルターは、自分のつごうのよい時だけ神を信じるという考えを恥じました。そして、人は神の深い愛を信じ、すべてをゆだねなくてはならないという結論に初めて満足しました。
　そのころローマ教会は、寺院を建てるお金を作るために、免罪符の販売を始めました。免罪符を買えばいままでの罪はすべて許されるというのです。宗教を金もうけの道具にしているのをみてルターは嘆きました。ローマ教会は、国王も頭が上がらないほどの権威をもっていましたが、ルターはためらわずに、まちがいを批判しました。たった一人で反対意見をさけびつづけるのは、たいへんなことです。しかし、ルターが真剣に道を求めるすがたは、人びとの心をとらえずにはおきません。しだいにルターの声に耳を傾ける人がおおくなり、歴史的な宗教改革となりました。伝統的にうけつがれてきたキリスト教を旧教とよぶのに対して、ルターの改革した流れを新教とよびます。

コルテス と ピサロ
（1485—1547）　　　（1475ころ—1541）

　1492年にコロンブスがアメリカを発見して、27年ののち、見知らぬ土地の征服を夢見た34歳のエルナン・コルテスが、この新大陸へ渡りました。

　コルテスは、1485年スペインに生まれ、大学を卒業すると探検にあこがれて大西洋を越え、カリブ海に浮かぶスペイン領のキューバ島へやってきました。1519年、キューバの長官ベラスケスの命令をうけて、新大陸探検のために500人あまりの兵をひきいたコルテスが、メキシコへ上陸しました。

　ところが、メキシコに栄えていたアステカ帝国に、たくさんの財宝があることを知ったコルテスは、その帝国を、自分の力で征服してしまおうと考えたのです。そして、ベラスケスの探検の命令にはそっぽをむき、スペイン国王に手紙をおくると自分が遠征軍の総司令官を名のって、兵を進めました。

　キューバからは、命令にそむいたコルテスをとらえるために、ベラスケスがはけんしたスペイン軍が追ってきました。

　しかしコルテスは、このスペイン軍との戦いにも、また、原住民のインディオとの戦いにも勝利をおさめ、1521年、アステカ帝国をほろぼしてしまいました。

　コルテスは、36歳でメキシコの支配者になりました。でも、そのごのメキシコは、スペイン国王がつかわした役人たちによってとりしまられるようになり、力を失ったコルテスはスペイン本国へ帰って、1547年に62歳の生涯をさみしく終わりました。

　コルテスより少しおくれて、やはりアメリカ大陸に黄金をもとめてのり込んだスペイン人が、もうひとりいました。1475

年ころ生まれて貧しい少年時代をすごし、いつも探検にあこがれていたフランシスコ・ピサロです。

　ピサロは、1531年に180人の兵をしたがえ、南アメリカ大陸で15世紀の中ごろから栄えていたインカ帝国へ侵入しました。そして、平和な話しあいにやってきた皇帝をとらえると、けらいたちをみな殺しにし、やがては皇帝も死刑にしてしまいました。

　1535年にインカを征服したピサロは、のぞみどおりに黄金を手に入れました。しかし、それから6年ののち、こんどは自分が、あっけなく、なかまに殺されてしまいました。

　高い文明をほこったアステカとインカは、こうしてすがたを消し、そののちおよそ300年のあいだ、植民地としてスペインに支配されることになってしまったのです。コルテスもピサロも、いちどは富と名誉を自分のものにすることはできましたが、けっきょくは、人生の勝利者になる夢は果たせませんでした。

スレイマン (1494—1566)

1923年に共和国となったトルコは、それ以前は国の名をオスマン帝国とよんでいました。1299年にオスマンという人によって建国された国だったからです。

スレイマンは、そのオスマン帝国の、第10代めの帝王です。1494年に黒海のほとりで生まれ、26歳のときに父のあとをついで、このイスラム教国家の支配者になりました。

「キリスト教の国ぐにに負けない、大帝国をきずくのだ」

世界征服の夢をいだいていたスレイマンは、帝王になったつぎの年から、はやくも大軍をひきいてヨーロッパへの遠征を始めました。そして、40数年のあいだに13回もの遠征をくり返し、領土を広げていきました。

まず初めにベオグラード、ロードス島を手中におさめ、そのごハンガリー王国の都市をせめ落とし、オーストリアの首都ウィーンにも進入して、ヨーロッパの国ぐにをおそれさせました。

スレイマンの軍隊は、活躍をつづけ海上の戦いでも、帝国の名をとどろかせました。

「貿易を活発にするためには、海も征服しなければならない」

強力な艦隊をつくりあげたスレイマンは、地中海の大海賊バルバロスを司令官に任命しました。そして、アドリア海で大海戦をくり広げてヨーロッパの国ぐにの艦隊をやぶり、オスマン帝国を囲む海のすべてを自分のもののようにしてしまいました。そのうえ、地中海に浮かぶ島じまも攻げきして手に入れ、さらに、海上からもイタリアやエチオピアなどの国にせめ入って、海にのぞんだ国ぐにをふるえあがらせました。

　しかし、スレイマンは、よその国に遠征ばかりしていたわけではありません。国内の政治にも、広い目をむけ、おおくの法律をつくり、社会の秩序をととのえました。産業をさかんにして力をたくわえ、国の文化を高めるために、芸術や、国民の教育をたいせつにしました。さらに、おおくの寺院を建て、イスラム教国家の建設に力をそそぐことによって、国民の心をひとつにまとめました。その結果オスマン帝国は、このスレイマンの時代に最も栄え、のちに世界の人びとは、この時代をトルコの時代とさえよぶようになりました。

　スレイマンは、1566年、最後のハンガリー遠征中に病気でたおれ、72歳で、世界の帝王とたたえられた生涯を終えました。オスマン帝国は、この帝王を失ってからはしだいに国の政治がみだれ、軍隊の力も弱まり、スレイマンが征服した領土もつぎつぎに失ってしまいました。

「読書の手びき」

ジャンヌ・ダルク

中世のヨーロッパにおいてキリスト教会の権威は絶大なものでした。キリスト教が人々の心を支配し、ローマ・カトリック教に異議を唱える者は、たちまち異端者として非難され宗教裁判にかけられました。この裁判で命を奪われた人の数は決して少なくありません。ジャンヌ・ダルクはその最年少の犠牲者です。わずか19歳の少女に対する残酷な火刑は、フランス人の心にあわれみの情を抱かせ、そののちジャンヌは信仰心、愛国心の象徴としてフランス史に君臨することになります。まず「聖女」として熱狂的に迎えられ、「魔女」として処刑され、名誉回復裁判により再び「英雄」としてたたえられたジャンヌはまさに、歴史になぶられ翻弄された少女といえます。こうした人間の過ちの数々を内包しつつ、時はとどまることなく流れていきます。純粋な殉教者としての少女の生は、連綿と続く悠久の歴史の中で、人間のなす行為の意味を無言のうちに教えてくれるような気がします。

コロンブス

15、6世紀は大航海時代といわれています。造船技術の進歩は遠洋航海を可能にし、ヨーロッパはいっせいにアジアへの海路に注目しはじめました。こうして世界の目が東に注がれているとき、「西まわりこそアジアへの近道だ」と言いだしたコロンブスがドン・キホーテ的な扱いを受けたのは当然です。人々はジェノバの狂人とか妄想家などとあざけりながら、コロンブスが第1回の航海に成功すると「誰だって西へ進めば島にたどりつけた」と笑いものにします。するとコロンブスはテーブルの上の卵を指さし「この卵をたてることができますか」と言って、観衆の前で卵の底を割ってテーブルにたてて言いました。「できそうなことでも、実際にやってみなければやれないのと同じです」誰もやらなかった西まわりの航